드림중국어 한자쓰기 중급

梦想中国语 中级 汉字字帖

목 록

제 1 과 한자의 부수 ·· 1

제 2 과 상용한자 ·· 21

제 3 과 HNK5-6 급 한자 ··· 49

제 4 과 한자의 연습 ·· 72

   4-1 한자 1-100 개 ··· 72

   4-2 한자 101-200 개 ··· 92

   4-3 한자 201-300 개 ··· 112

   4-4 한자 301-400 개 ··· 132

   4-5 한자 401-500 개 ··· 152

드림중국어 원어민 수업 체험 예약 (30 분)

QR 코드를 스캔해서 중국어 체험 수업 신청하세요.

(네이버 아이디로 들어감)

ZOOM 1:1 수업, 휴대폰/태블릿/컴퓨터로 수업 가능

드림중국어 한자쓰기 중급

梦想中国语 中级 汉字字帖

종이책 발행 2017 년 04 월 10 일
전자책 발행 2020 년 10 월 01 일

편저:	류환 (刘欢)
디자인:	曹帅
발행인:	류환
발행처:	드림중국어
주소:	인천 서구 청라루비로 93, 7 층
이멜:	5676888@naver.com
등록번호:	654-93-00416
등록일자:	2016 년 12 월 25 일

종이책 ISBN: 979-11-88182-12-1 (13720)
전자책 ISBN: 979-11-91186-24-6 (15720)

값: 15,000 원

이 책은 저작권법에 따라 보호받는 저작물이므로 무단복제나 사용은 금지합니다. 이 책의 내용을 이용하거나 인용하려면 반드시 저작권자 드림중국어의 서면 동의를 받아야 합니다. 잘못된 책은 교환해 드립니다.

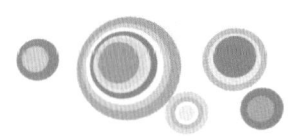

제1과 한자의 부수

부수는 한자의 기본입니다. 한자를 분해해서 해석해야 이해하기 쉽기 때문입니다. 한글을 배울 때 자음과 모음부터 배우는데, 자모를 안 외우면 한글을 읽을 수 없습니다. 이와 마찬가지로, 한자도 부수부터 배워야 합니다.

형성자는 한자에서 제일 큰 비중을 차지합니다. 형성자인 한자를 두 부분으로 나눠 보면, 한 부분은 소리를 담당하는 성방(声旁) 이고, 다른 한 부분은 의미를 담당하는 형방(形旁)입니다. 의미 담당인 형방(形旁)은 부수라고 하기도 합니다. 중국어에서 상용 부수는 약 200개가 있습니다. 상용 형방(形旁)은 약 1000개입니다. 부수를 통해 모르는 한자의 의미를 추측할 수 있고, 형방을 통해 모르는 한자의 소리를 추측할 수 있습니다.

江 강   海 바다   汗 땀   泪 눈물

한국에서 자주 사용하는 부수 214개는 아래와 같습니다. 대부분은 중국과 비슷하므로 이것을 참고해서 외워도 괜찮습니다.

부수	명칭	뜻	예
一	한 일	하나	上
丨	뚫을 곤	가운데 세워져 있는 모양, 관통하는 모양.	中
丶	불똥 주	구두점	主
丿	삐칠 별	삐치다	八
乙	새 을	새. 굽다. 십간(十干)의 둘째	九
亅	갈고리 궐	갈고리	了
二	두 이	둘	云
亠	머리부분 두	머리, 뚜껑, 문자, 문화	京
人(亻)	사람 인	사람	仙

儿	어진 사람 인/걷는 사람 궤	사람 또는 두 다리와 관계 있다.	先
入	들 입	들다. 오다. 수입. 넣다.	內
八(ﾂ)	여덟 팔	여덟. 나누다.	共
冂	멀 경	멀다, 교외, 시외	再
冖	덮을 멱	덮다	冠
冫	얼음 빙	얼음과 관련	冷
几	안석 궤	다리 있는 책상	凡
凵	입 벌릴 감	움푹 파인 곳이나 그릇.	出
刀(刂)	칼 도	칼. 자르다.	分
力	힘 력	힘. 힘쓰다	加
勹	쌀 포	싸다. 포장하다.	勿
匕	비수 비	숟가락, 비수.	化
匚	상자 방	상자.	匠
匸	감출 혜	감추다.	區(区)
十	열 십	열. 전부.	千
卜	점 복	점. 점치다.	占
卩	병부 절	무릎을 꿇고 앉아 있는 것과 관계가 있다.	印
厂	굴 바위 엄	절벽 아래, 돌 따위의 뜻.	原
厶	나 사	자기자신을 의미함	私
又	또 우	또. 오른손. 다시. 손동작과 관계가 있다.	受

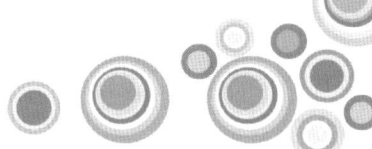

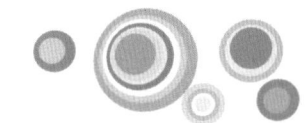

口	입 구	말이나 소리, 입의 동작과 관계 있음.	右
囗	둘러싸일 위	에워싸다, 둘러 싸다는 뜻	因
土	흙 토	땅. 국토, 지방 등의 뜻	地
士	선비 사	선비. 일을 하다. 벼슬아치	壹
夂	뒤쳐올 치	아래로 향한 발	终
夊	천천히 걸을 쇠	아래로 향한 발	夏
夕	저녁 석	저녁. 밤. 비스듬하다. 끝	多
大	큰 대	넓다. 두껍다. 많다.	天
女	여자 녀	여자. 딸.	好
子	아들 자	자식. 새끼.	字
宀	집 면	가옥이나 부속물, 집 안의 상태와 관련.	安
寸	마디 촌	치. 경맥의 한 부분=3.33 츠.	等
小	작을 소	적다. 짧다. 낮다. 어리다.	尖
尢	절름발이 왕	절름발이.	尤
尸	주검 시	인체 부위 또는 집, 가옥, 신발과 관련	尾
屮	싹 날 철	특정한 의미 없음.	屯
山	메 산	여러 종류의 산	岳
川	내 천	물귀신. 굴. 들판. 내.	州
工	장인 공	일을 하다, 작업을 하다	左
己	몸 기	자기. 여섯째 天干.다스리다.마련하다.	已

3

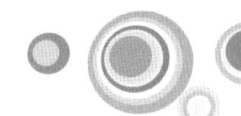

巾	수건 건	천, 천으로 만든 물건과 관련	布
干	방패 간	범하다. 막다. 구하다. 간여하다.	幸
幺	작을 요	가는 실, 작다, 미약하다.	幼
广	집 엄	건축물과 관련된 뜻.	床
廴	길게 걸을 인	발을 길게 떼어놓는 모습으로 걷다	建
廾	들 공	'물건을 두 손으로 잡다, 떠받들다'라는 뜻.	弄
弋	주살 익	말뚝이라는 뜻을 지님.	式
弓	활 궁	활과 관련된 뜻.	弟
彐	돼지머리 계	특정한 뜻이 없음.	彘
彡	터럭 삼	'모양, 채색, 꾸미다'라는 뜻이 내포.	彩
彳	걸을 척	길, 간다는 뜻.	往
心(忄)	마음 심	염통. 가슴.	忘
戈	창 과	창. 한 두 개의 가지가 있는 무기	我
户(戶)	지게 호	지게문. 문짝. 집	房
扌(手)	손 수	쥐다. 손수.	折
支	지탱할 지	가르다. 갈리다. 가지. 지탱하다.	收
攵	칠 복	손에 막대기나 회초리를 들고 치다, 때리다	教
文	글월 문	무늬. 결. 조리. 법도. 글자. 서적	斑
斗	말 두	양을 재다, 푸다, 국자	斜
斤	무게 근	도끼, 베다, 자르다	新

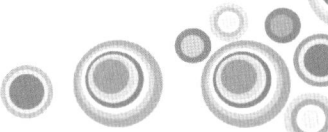

今	이제 금	지금 현재	含
方	모 방	깃발과 관련된 뜻. 나란히 곁 방향	族
无	없을 무	이미 다했다.	既
日(阝)	날 일	태양, 시간, 일기, 명암 등과 관련	明
曰	가로 왈	말하다.	曲
月	달 월	달(1개월)등과 관련	朋
木	나무 목	나무	本
欠	하품 흠	입을 크게 벌리는 것, 빠지거나 모자란다	歌
止	그칠 지	걷다. 멈추다.	此
歹	뼈 앙상할 알	죽음과 관련된 뜻	殉
殳	칠 수/몽둥이 수	'치다, 때리다, 부수다'라는 뜻.	毁
毋	말 무	없다, 하지 말라 등의 뜻.	每
比	견줄 비	'나란히 하다, 비교하다'라는 뜻.	毕
毛	터럭 모	털, 털로 만들어진 물건	笔
氏	성씨 씨	종족의 명칭. 씨족. 작은 칼.	民
气	기운 기	구름, 수증기, 김, 공기	氛
水(氵)	물 수	물	江
火(灬)	불 화	불의 성질, 작용 등과 관련	然
爪(爫)	손톱 조	새나 짐승의 손톱이나 발톱	爱
父	아비 부	부친, 노인과 관련된 뜻.	爸

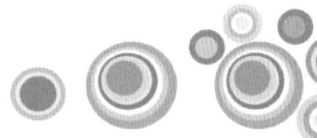

爻	사귈 효	점괘.	爽
爿	나무조각 장	침대.	牀
片	조각 편	나무를 쪼개어 얇게 만든 납작한 물건.	版
牙	어금니 아	이빨	芽
牛	소 우	소	物
犬（犭）	개 견	개	狗
玄	검을 현	검다	率
玉（王）	구슬 옥	옥	国
瓜	오이 과	오이, 참외, 수박, 호박 등을 가리킴.	瓜
瓦	기와 와	토기나 도자기와 관련	瓶
甘	달 감	달다, 맛이 좋다는 뜻.	甚
生	날 생	출산, 생명 등과 관련.	生
用	쓸 용	쓰다	拥
田	밭 전	밭과 관련.	由
疋	짝 필	발, 걸음의 뜻.	疑
疒	병질 엄, 안	병과 관련.	病
癶	걸을 발	발의 동작이나 상태와 관련.	登
白	흰 백	희다, 밝다는 뜻.	百
皮	가죽 피	피부와 관련된 뜻. 껍질, 가죽.	皮
皿	그릇 명	그릇과 관련.	益

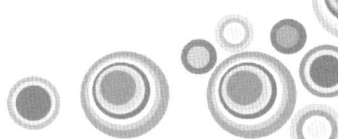

目	눈 목	눈과 관련	相
矛	창 모	창과 관련	矜
矢	화살 시	화살과 관련	知
石	돌 석	돌이나 광물	破
示(礻)	보일 시	신, 제사, 신이 내리는 길흉화복 등의 뜻.	祖
内	짐승 발자국 유	동물과 관련	禽
禾	벼 화	벼, 곡물 등과 관련.	秋
穴	구멍 혈	구멍과 관련.	空
立	설 립	세우다, 서다	章
竹(⺮)	대 죽	대나무와 관련.	笑
米	쌀 미	쌀과 관련	粉
纟(糹)糸	실 사	실이나 끈과 관련	素
缶	장군 부	항아리와 관련.	缺
罒	그물 망	그물과 관련	罪
羊	양 양	양	美
羽	깃 우	새의 깃, 또는 나는 것과 관련.	翔
(耂)老	늙을 로	노인과 관련.	考
而	말 이을 이	수염	耐
耒	쟁기 뢰	농기구, 경작과 관련.	耕
耳	귀 이	귀	取

聿	붓 율	붓으로 글씨를 쓰거나 그림을 그리는 것	津
肉(月)	고기 육	사람이나 동물의 신체	肥
臣	신하 신	보는 동작이나 볼 때의 눈의 모습	卧
自	스스로 자	코, 냄새와 관련.	臭
至	이를 지	이르다는 뜻과 관련.	致
臼	절구 구	절구, 절구로 찧는다는 뜻.	舊(旧)
舌	혀 설	혀나 혀의 동작과 관련	舍
舛	어겨질 천	특정한 의미 없음.	舞
舟	배 주	배와 관련.	船
艮	머무를 간	머무르다	良
色	빛 색	색채, 용모, 안색과 관련.	艳
艹(艸)	풀 초	풀과 관련.	花
虍	범 호	범과 관련.	虎
虫	벌레 충	곤충나 벌레와 관련.	蛇
血	피 혈	혈액과 관련.	血
行	다닐 행	가다.	街
衣(衤)	옷 의	옷과 관련	表
襾(覀)	덮을 아	덮다	要
见(見)	볼 견	보는 행위와 관련.	视(視)
角	뿔 각	뿔과 관련.	解

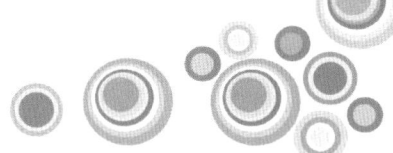

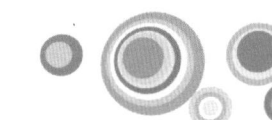

讠(言)	말씀 언	말과 관련.	打
谷	골 곡	계곡과 관련	豀(谷)
豆	콩 두	콩과 관련.	鼓
豕	돼지 시	돼지와 관련.	家
豸	해태 치	웅크리고 있는 짐승	貌
贝(貝)	조개 패	재물과 관련.	贵
赤	붉을 적	붉은 색과 관련.	赫
走	달아날 주	걷기와 관련.	起
足	발 족	발과 관련.	路
身	몸 신	신체와 관련.	躬
车(車)	수레 거	수레/차와 관련	轮
辛	매울 신	죄, 또는 맛이 맵다	辨
辰	별 진	농사와 관련.	辱
辶	쉬엄쉬엄 갈 착	'길을 가다'와 관련.	近
阝(邑)	고을 읍	지역이나 지명과 관련.	都
酉	닭 유	술, 또는 발효 식품과 관련.	酒
釆	나눌 변	분별하다	釋(释)
里	마을 리	교외. 마을.	量
金	쇠 금	금속과 관련	針(针)
长(長)	긴 장	길다	长

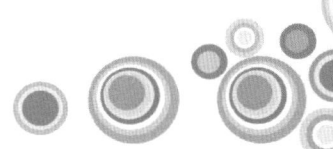

门（門）	문 문	문과 관련.	闭（閉）
阝（阜）	언덕 부	언덕, 언덕처럼 흙을 쌓아 놓은 것	阿
隹	새 추	새와 관련.	集
雨	비 우	기상현상과 관련.	雪
青（靑）	푸를 청	특정한 의미 없음.	静（靜）
非	아닐 비	등지다, 갈라지다 등의 뜻.	靡
面	낯 면	얼굴과 관련.	
革	가죽 혁	가죽제품과 관련.	鞭
韦（韋）	가죽 위	무두질한 가죽으로 만든 가죽제품과 관련	韩
音	소리 음	음향과 관련.	韶
页（頁）	머리 혈	머리 부분이나 얼굴 부분과 관련.	顺（順）
风（風）	바람 풍	바람과 관련.	飘（飄）
飞（飛）	날 비	날다	翔
饣（食）	밥 식	음식물 또는 먹는 행위와 관련.	餓（饿）
首	머리 수	머리와 관련.	
香	향기 향	향기와 관련.	馨
马（馬）	말 마	말	骑（騎）
骨	뼈 골	뼈와 관련	骸
高	높을 고	높다	
髟	머리 늘어질 표	머리털이나 수염과 관련.	髮（发）

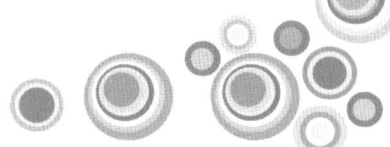

斗（鬥）	싸울 투	싸우거나 다투는 것과 관련.	鬪（斗）
鬯	술창주 창	술을 만드는 원료가 되는 풀과 관련.	鬱（郁）
鬲	오지병 격	솥이나 솥에 넣고 삶는 것	隔
鬼	귀신 귀	영혼, 초자연적인 것과 관련.	魄
鱼（魚）	고기 어	물고기와 관련	鲜（鮮）
鸟（鳥）	새 조	새와 관련.	鸭（鴨）
卤（鹵）	소금밭 로	소금, 염분 등과 관련.	
鹿	사슴 록	사슴과 관련.	
麦（麥）	보리 맥	보리와 관련.	
麻	삼 마	마	
黄（黃）	누를 황	노란색	
黍	기장 서	기장과 관련.	黎
黑	검을 흑	검은 색	默
黹	바느질할 치	자수와 관련.	
黾（黽）	맹꽁이 맹	자라 등 물가에 사는 동물	鼈（鱉）
鼎	솥 정	솥이나 솥의 어떤 부분과 관련.	
鼓	북 고	북과 관련.	
鼠	쥐 서	쥐와 관련.	
鼻	코 비	코와 관련.	
齐（齊）	가지런할 제	가지런하다	

11

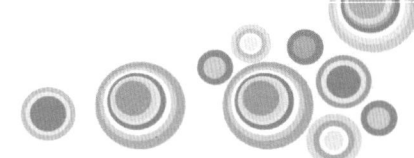

齿（齒）	이 치	이빨과 관련.	龄（齡）
龙（龍）	용 룡	용과 관련.	
龟（龜）	거북 귀	거북이와 관련	
仑（龠）	피리 약	피리와 관련.	

제2과 상용한자

번호	중국어	한국어	한국어 의미
1	rǔ 乳	젖 유	젖과 같은 즙
2	zǎo 早	이를 조	이르다
3	cǎo 草	풀 초	풀
4	zhāng 章	글 장	글
5	jiá 夹	낄 협	끼다
6	zhǔ 主	주인, 임금 주	주인
7	zhù 住	살 주	거주하다
8	bā 八	여덟 팔	8
9	wǎng 往	갈 왕	~로
10	luǎn 卵	알 란	알
11	fǎn 攵	칠 복	(편방자) 치다
12	gǎn 敢	감히 감	감히
13	shōu 收	거둘 수	거두다, 수확
14	mù 牧	칠 목	방목, 목축
15	cì 刺	찌를 척	찌르다

16	qiān 千	일천 천	천
17	shé 舌	혀 설	혀
18	huà 话 /話	말씀 화	말
19	huó 活	살 활	살다
20	dí 敌	대적할 적	적
21	quǎn 犭	큰 개 견	편방자 (동물,야수)
22	qiú 囚	가둘 수	죄수
23	fàn 犯	범할 범	
24	shī 狮	사자 사	사자
25	kuáng 狂	미칠 광	미치다
26	lǎo 老	늙을 로	늙다
27	zhě 者	놈 자	자
28	zhū 猪	돼지 저	돼지
29	zhǔ 煮	삶을 자	삶다
30	mài 麦/麥	보리 맥	밀
31	qí 棋	바둑 기	상기
32	qí 其	그 기	밀
33	duǒ 朵	늘어질 타	(양사) 송이

34	duǒ 躲	비킬 타	숨기다
35	xìng 兴/興	일 흥	기쁘다
36	mǔ 母	어미 모	모친
37	měi 每	매양 매	~마다,매
38	hǎi 海	바다 해	바다
39	guān 关	관계할 관	닫다,끄다
40	sòng 送	보낼 송	보내다,주다
41	shí 饣	밥 식	(편방자) 밥
42	fàn 饭/飯	밥 반	밥
43	bāo 包	쌀 포	싸다
44	bǎo 饱/飽	배부를 포	배부르다
45	zhuō 捉	잡을 착	잡다
46	lán 栏/欄	난간 란	난간
47	lán 拦	막을 란	막다
48	zhú ⺮	대 죽	(편방자) 대나무
49	dì 弟	아우 제	남동생
50	dì 第	차례 제	~번째
51	zhú 竹	대 죽	대나무

52	jiù 臼	절구 구	절구
53	jiù 舅	외삼촌 구	외삼촌
54	chā 插	꽂을 삽	꽂다
55	sōu 搜	찾을 수	(수사) 찾다
56	jiǔ 九	아홉 구	9
57	yuè 月	달 월	달
58	cháng 肠/腸	창자 장	장
59	bèi 背	등 배	등
60	běi 北	북녘 북	북
61	liǎn 脸	뺨 검	얼굴
62	fú 浮	뜰 부	뜨다
63	wá 娃	예쁠 와	어린 아이
64	chú 厨	부엌 주	부엌
65	shǒu 守	지킬 수	지키다
66	juàn 卷	책 권	권
67	bào 抱	안을 포	안다
68	pǎo 跑	허빌 포	달리다
69	pào 炮	통째로 구울 포	대포

70	quān 圈	우리 권	가두다
71	jiān 肩	어깨 견	어깨
72	fèi 肺	허파 폐	폐
73	xiāo 消	사라질 소	사라지다
74	wěi 伟/偉	클 위	위대하다
75	wéi 围/圍	에워쌀 위	에워싸다
76	diāo 叼	입에 물 조	입에 물다
77	duō 多	많을 다	많다
78	shǎo 少	적을 소	적다
79	wàng 望	바랄 망	바라다
80	zì 自	스스로 자	스스로
81	shǐ 矢	화살 시	화살
82	yī 医/醫	의원 의	의원
83	hóu 猴	원숭이 후	원숭이
84	hòu 候	기후 후	기후
85	zhī 知	알 지	알다
86	yǎn 眼	눈 안	눈
87	hèn 恨	한 한	한

梦想中国语 中级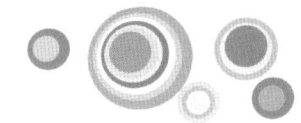

88	gēn 跟	발꿈치 근	~하고
89	nǎi 奶	젖 내	할머니
90	rēng 扔	당길 잉	던지다, 버리다
91	zhuī 隹	새 추	(편방자) 새
92	tuī 推	밀 추	밀다
93	wèi 未	아닐 미	아직
94	mèi 妹	누이 매	여동생
95	dēng 登	오를 등	오르다
96	gēn 根	뿌리 근	뿌리
97	xiàn 限	한할 한	제한
98	jǐng 井	우물 정	우물
99	jiǎng 讲/講	욀 강	이야기하다
100	jìn 进/進	나아갈 진	들어가다
101	shuí 谁/誰	누구 수	누구
102	shòu 售	팔 수	팔다
103	qiū 丘	언덕 구	언덕
104	qiū 蚯	지렁이 구	지렁이
105	yǐn 蚓	지렁이 인	

18

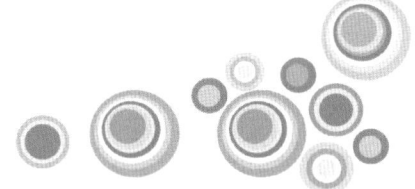

106	shā 杀/殺	죽일 살	죽이다
107	zhǎo 找	채울 조	찾다
108	zhēng 争	다툼 쟁	다투다
109	zhēng 睁	눈동자 정	눈을 뜨다
110	xué 学/學	배울 학	학습하다
111	yuán 员/員	인원 원	인원
112	yuán 圆/圓	둥글 원	동글다
113	jīn 今	이제 금	오늘
114	biǎo 表	겉 표	표
115	nán 难/難	어려울 난	어렵다
116	hái 孩	어린아이 해	아이
117	ké 咳	기침 해	기침
118	kè 刻	새길 각	새기다, 15분
119	gāi 该/該	마땅 해	마땅히...해야 하다
120	jǔ 举/擧	들 거	들다
121	niú 牛	소 우	소
122	gào 告	고할 고	알려 주다
123	zào 造	지을 조	제조하다

124	xiān 先	먼저 선	먼저
125	xǐ 洗	씻을 세	씻다
126	pí 皮	가죽 피	가죽
127	pī 披	헤칠 피	걸치다,풀어헤치다
128	bō 波	물결 파	물결
129	yī 衤	옷 의	옷
130	bèi 被	입을 피	당하다,덮다
131	pó 婆	할머니 파	할머니
132	pō 坡	언덕 파	언덕
133	pò 破	깨뜨릴 파	깨뜨리다
134	gǔ 鼓	북 고	북
135	xǐ 喜	기쁠 희	기쁘다
136	duì 对/對	대할 대	맞다,~에 대하여
137	shù 树/樹	나무 수	나무
138	xì 戏/戲	놀이 희	놀이
139	xiāng 乡/鄉	시골 향	시골
140	cūn 村	마을 촌	마을
141	gàn 干	방패 간	하다

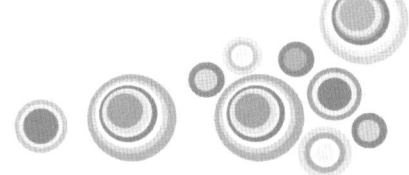

142	hàn 汗	땀 한 한	땀
143	hàn 旱	가물 한	가물
144	àn 岸	언덕 안	언덕
145	yǒng 泳	헤엄칠 영	헤엄치다
146	jiāo 焦	탈 초	타다
147	jí 集	모을 집	모이다
148	fǔ 阝	언덕 부	(편방자) 언덕
149	duì 队/隊	무리 대	무리,팀
150	yáng 阳/陽	볕 양	태양
151	shì 示	보일 시	보이다
152	shì 礻	보일 시	(편방자) 보이다
153	wèi 位	자리 위	분
154	lǐ 礼/禮	예도 례	예의
155	shè 社	모일 사	사회
156	sī 丝/絲	실 사	(편방자) 실
157	sī 纟	실 사	실
158	xiàn 线/線	줄 선	선
159	jīng 经/經	지날, 글 경	지나다

160	qīng 轻/輕	가벼울 경	가볍다
161	mìng 命	목숨 명	목숨
162	lìng 令	하여금 령	하여금
163	tǒng 桶	통 통	통
164	tòng 痛	아플 통	아프다
165	tōng 通	통할 통	통하다
166	xì 细/細	가늘 세	가늘다
167	yè 业/業	업 업	업
168	xiǎn 显/顯	나타날 현	나타나다
169	chū 出	날 출	나가다
170	cōng 囱	창 창	굴뚝
171	liáng 良	어질 량	양호하다
172	niáng 娘	계집 낭	어머님
173	pá 爬	긁을 파	기르다
174	zhēng 蒸	찔 증	찌다
175	bīng 兵	병사 병	병사
176	yíng 蝇	파리 승	파리
177	táo 桃	복숭아 도	복숭아

22

178	tiǎo 挑	돋울 도	돋우다
179	tiào 跳	뛸 도	뛰다
180	táo 逃	도망할 도	도망가다
181	fǒu 缶	장군 부	장군
182	yáo 摇	흔들 요	흔들다
183	tāo 掏	가릴 도	꺼내다
184	bàn 半	반 반	반
185	jù 句	글귀 구	문장
186	yán 炎	불꽃 염	염증
187	dàn 淡	맑을 담	담백하다
188	tán 谈/談	말씀 담	말하다
189	tán 痰	가래 담	가래
190	chǎn 产/産	낳을 산	낳다,생산하다
191	shě 舍	집 사	숙소
192	shū 舒	펼 서	펴다
193	zhuī 追	쫓을 추	쫓다
194	yǔ 予	나 여	~에게
195	yě 野	들 야	들

196	gǔ 骨	뼈 골	뼈
197	bào 报/報	갚을 보	보고하다,보도하다
198	lè 乐/樂	즐길 락	음악(yue),즐겁다
199	qǔ 取	가질 취	가져오다
200	zuì 最	가장 최	가장,제일
201	běn 本	근본 본	근본, 본래
202	tǐ 体/體	몸 체	몸
203	dì 蒂	꼭지 체	꼭지
204	dì 帝	임금 제	황제
205	sāng 桑	뽕나무 상	뽕나무
206	zào 噪	떠들썩할 조	떠들썩하다
207	xiōng 凶	흉할 흉	흉하다
208	è 恶/惡	악할 악	악하다
209	zuò 作	지을 작	일하다
210	zěn 怎	어찌 즘	어떻게
211	pèng 碰	부딪칠 팽	부딪치다
212	máo 矛	창 모	창
213	ài 爱/愛	사랑 애	사랑

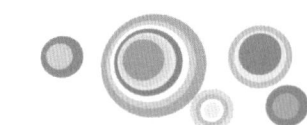

214	kùn 困	곤할 곤	졸리다
215	kǔn 捆	두드릴 곤	묶다
216	guān 官	벼슬 관	벼슬
217	fēng 丰/豊	풍년 풍	풍년
218	lì 粒	낟알 립	알
219	chéng 成	이룰 성	이루다
220	chéng 城	재 성	도시
221	zǎo 澡	씻을 조	샤워하다
222	cāo 操	잡을 조	체조
223	zào 燥	마를 조	건조하다
224	yǎn 演	펼 연	연기하다
225	xún 巡	순행할 순	순행하다
226	yǎng 痒	가려울 양	간지럽다
227	yàng 样/樣	모양 양	모양
228	qún 群	무리 군	무리
229	qǐ 乞	빌 걸	거지
230	gài 丐	빌 개	
231	chéng 乘	탈 승	타다

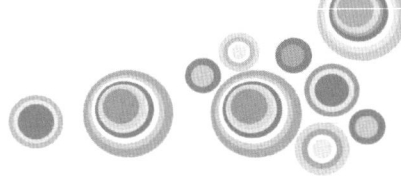

232	liú 流	흐를 류	흐르다
233	piàn 片	조각 편	조각
234	wáng 亡	망할 망	망하다
235	máng 忙	바쁠 망	바쁘다
236	bìng 并	아우를 병	병렬하다
237	xíng 行	다닐 행	행
238	kāi 开/開	열 개	열다
239	yán 研	갈 연	연구,갈다
240	xíng 形	모양 형	모양
241	pái 排	밀칠 배	배열하다
242	guō 锅	노구솥 과	솥
243	xué 穴	굴 혈	구멍
244	kōng 空	빌 공	비다
245	jiū 究	연구할 구	연구하다
246	chuān 穿	뚫을 천	입다,신다
247	ya 呀	입 딱 벌릴 아	감탄사
248	lín 淋	장마 림	비를 맞다
249	dùn 盾	방패 순	방패

250	huī 挥/揮	휘두를 휘	휘두르다
251	huā 花	꽃 화	꽃, 소비하다
252	biàn 变/變	변할 변	변하다
253	hé 合	합할 합	합하다
254	ná 拿	잡을 나	쥐다, 잡다
255	gěi 给/給	줄 급	주다
256	xùn 迅	빠를 신	재빠르다
257	cháo 巢	새집 소	새의 집
258	kě 可	옳을 가	되다
259	hé 何	어찌 하	어떤
260	hé 河	물 하	강
261	diǎn 典	법 전	사전
262	jiā 家	집 가	집
263	jí 及	미칠 급	미치다
264	jí 级/級	등급 급	학년, 등급
265	jí 极/極	다할 극	극히
266	shàng 尚	오히려 상	아직
267	dǎng 党/黨	무리 당	당

268	táng 堂	집 당	대청
269	yìn 印	도장 인	인쇄
270	lù 鹿	사슴 록	사슴
271	hún 浑	흐릴 혼	흐리다
272	zhèn 阵/陣	진칠 진	차례 (양사)
273	lián 连/連	이을 련	조차도, 연결
274	jiàn 渐/漸	점점 점	점점
275	wèi 卫/衛	지킬 위	지키다
276	jiǎ 甲	갑옷 갑	갑
277	zhá 闸	수문 갑	수문
278	yán 言	말씀 언	말
279	xìn 信	믿을 신	믿다
280	lí 离/離	떠날 리	~로부터
281	zhuó 浊/濁	흐릴 탁	흐리다
282	qiáng 强/強	강할 강	강하다
283	cóng 从/從	좇을 종	~에서
284	zhòng 众/衆	무리 중	대중
285	dān 单/單	홑 단	단일

286	chūn 春	봄 춘	봄
287	zhào 照	비칠 조	비치다
288	jiào 叫	부르짖을 규	~라고 부르다
289	yōu 优/優	넉넉할 우	우수하다
290	jiǎ 假	거짓 가	가짜
291	jīn 巾	수건 건	수건
292	shì 市	저자 시	도시
293	cháng 常	떳떳할 상	항상
294	dù 度	법도 도/헤아릴 탁	도
295	xí 席	자리 석	자리
296	gōng 躬	몸 궁	허리를 굽히다
297	wān 弯	굽을 만	굽히다
298	liàn 恋/戀	그리워할 련	사랑하다
299	xiàng 向	향할 향	향하다
300	xiǎng 响/響	울릴 향	울리다
301	xī 夕	저녁 석	저녁
302	wài 外	바깥 외	외부
303	míng 名	이름 명	이름

304	dǎi 歹	살 바른 뼈 알, 몹쓸 대	나쁘다
305	sǐ 死	죽을 사	죽다
306	zhǐ 止	그칠 지	그치다
307	cǐ 此	이 차	이것
308	xiē 些	적을 사	약간
309	kěn 肯	즐길 긍	승낙, 동의하다
310	kěn 啃	물 간	뜯어 먹다
311	shǎn 闪	빛날 섬	반짝하다
312	zhǒng 种/種	씨 종	씨
313	chōng 冲	찌를 충	상충되다
314	lì 利	이할 리	이롭다
315	mèn 闷	답답할 민	답답하다
316	sì 寺	절 사	절
317	yì 艺/藝	재주 예	예술
318	děng 等	무리 등	기다리다
319	hù 户	집 호	호적
320	hù 护/護	도울 호	보호하다
321	fāng 方	모 방	모

322	fáng 房	방 방	방
323	páng 旁	곁 방	옆
324	bǎng 膀	오줌통 방	오줌통
325	zhēn 侦/偵	염탐할 정	몰래 조사하다
326	chóng 虫/蟲	벌레 충	벌레
327	nú 奴	종 노	노예
328	nù 怒	성낼 노	성내다
329	nán 南	남녘 남	남쪽
330	guī 归/歸	돌아갈 귀	돌아가다
331	zhuān 专/專	오로지 전	오로지
332	chuán 传/傳	전할 전	전하다
333	zhuǎn 转/轉	구를 전	돌다
334	rèn 任	맡길 임	맡기다
335	zhàng 丈	어른 장	남편
336	qiú 求	구할 구	구하다
337	jiù 救	구원할 구	구원하다
338	gēng gèng 更/更	고칠 경/다시 갱	더욱
339	biàn 便	편할 편, 똥오줌 변	편하다

340	yìng 硬	굳을 경	딱딱하다
341	jiā 加	더할 가	더하다
342	biān 边/邊	가 변	변
343	láo 劳/勞	일할 로	노동
344	lì 历/歷	지날 력	지나다
345	duàn 段	층계 단	단락
346	bèi 贝/貝	조개 패	조개
347	tān 贪/貪	탐낼 탐	탐내다
348	niàn 念	생각 념	읽다
349	gǎn 感	느낄 감	감각
350	hǎn 喊	소리칠 함	소리치다
351	cè 册	책 책	권
352	chǎng 场/場	마당 장	마당
353	jiě 解	풀 해	풀다
354	zuǐ 嘴	부리 취	입
355	què 确/確	굳을 확	정확하다
356	shài 晒	쬘 쇄	쬐다
357	sǎ 洒	뿌릴 쇄	뿌리다

358	gè 各	각각 각	각각
359	lù 路	길 로	길
360	luò 落	떨어질 락	떨어지다
361	yùn 孕	아이 밸 잉	임신하다
362	kuài 快	쾌할 쾌	빠르다
363	kuài 块	덩어리 괴	덩이, 조각
364	jué 决/決	결단할 결	결단,결심
365	bēn 奔	달릴 분	달리다
366	jǐ 己	몸 기	자신
367	yǐ 已	이미 이	이미
368	jì 记/記	기록할 기	기록하다
369	gǎi 改	고칠 개	고치다
370	zhèng 政	정사 정	정치
371	wù 勿	말 물	하지 마
372	wù 物	물건 물	물건
373	hū 忽	갑자기 홀	갑자기
374	wǔ 午	낮 오	정오
375	xǔ 许/許	허락 허	허락하다

376	qī 七	일곱 칠	7
377	lǐ 理	다스릴 리	도리
378	zhòng 重	무거울 중	무겁다
379	quán 全	온전 전	전부
380	gé 革	가죽 혁	가죽
381	nián 年	해 년	년
382	áng 昂	밝을 막	머리 들다
383	jīng 晶	맑을 정	맑다
384	zǎo 枣	대추나무 조	대추
385	jiāng 将/將	장수 장	장군
386	lì 隶	미칠 이	노예
387	qī 妻	아내 처	아내
388	dá 答	대답 답	대답
389	kē 科	과목 과	과학
390	tài 太	클 태	너무
391	yǎng 仰	우러를 앙	머리를 들다
392	gōu 钩	갈고리 구	갈고리
393	shù 数	셈 수	세다

394	tán 坛/壇	단 단	단
395	è 饿/餓	주릴 아	배고프다
396	ǒu 偶	짝 우	배우자, 우연
397	xìng 性	성품 성	성격
398	xīng 星	별 성	별
399	shèng 胜/勝	이길 승	이기다
400	qiē 切	끊을 절	자르다
401	miàn 面	낯 면	국수
402	qīn 亲/親	친할 친	친하다
403	gōng 宫	집 궁	궁전
404	néng 能	능할 능	할 수 있다
405	huà 化	될 화	녹다
406	mò 末	끝 말	끝
407	jī 机/機	틀 기	기계
408	jiè 界	지경 계	세계
409	chǐ 尺	자 척	자
410	mǎi 买/買	살 매	사다
411	shuǎng 爽	시원할 상	시원하다

412	tún 屯	진칠 둔	모으다
413	tái 台	태풍 태	태풍, 대
414	dàn 但	다만 단	그러나
415	liàng 量	헤아릴 량	수량
416	yóu 由	말미암을 유	~로 인하여
417	yú 于/於	어조사 어	
418	lèi 累	여러 루	피곤하다
419	gān 甘	달 감	달다
420	tián 甜	달 첨	
421	shòu 受	받을 수	받다
422	sàng 丧/喪	잃을 상	잃다
423	zhǐ 指	가리킬 지	가리키다
424	dǐ 底	밑 저	밑
425	ràng 让/讓	사양할 양	시키다
426	yì 益	더할 익	유익하다
427	mín 民	백성 민	인민
428	yè 页	머리 혈	페이지
429	tí 题/題	제목 제	문제

430	xū 须/須	모름지기 수	반드시
431	zhǐ 只	다만 지	오직
432	shí 识/識	알 식	알다
433	qiáng 墙/墻	담 장	벽
434	shèn 肾/腎	콩팥 신	신장
435	zǒng 总/總	다 총	총
436	kǎ 卡	음역자 가	카드
437	màn 慢	거만할 만	느리다
438	shù 术	재주 술	미술, 기술
439	xiǎng 享	누릴 향	누리다
440	zì 字	글자 자	글자
441	fēi 非	아닐 비	아니다
442	kào 靠	기댈 고	기대다
443	shū 叔	아재비 숙	아저씨
444	bēi 悲	슬플 비	슬프다
445	wū 屋	집 옥	집,방
446	gǔ 古	예 고	고대
447	zuò 座	자리 좌	양사

448	wēi 威	위엄 위	위엄
449	kǔ 苦	쓸 고	쓰다, 고생
450	dǐng 顶/頂	정수리 정	꼭대기
451	tú 徒	무리 도	제자
452	yuè 越	넘을 월	갈수록
453	gǎn 赶	쫓을 간	쫓다
454	qǐ 起	일어날 기	일어나다
455	bù 步	걸음 보	걸음
456	jiǎo 脚	다리 각	발
457	què 却	물리칠 각	그러나
458	yíng 迎	맞을 영	환영
459	fǎ 法	법 법	법
460	qián 钱/錢	돈 전	돈
461	a 啊	사랑할 아	감탄사
462	ā 阿	언덕 아	이름 호칭
463	wàn 万/萬	일만 만	만
464	jiào 教	가르칠 교	가르치다
465	shì 事	일 사	일

466	shī 湿/濕	젖을 습	젖다
467	shì 释/釋	풀 석	해석
468	jǐn 紧/緊	긴할 긴	꽉 끼다
469	xì 系	이어맬 계	관계
470	qián 前	앞 전	앞
471	pēng 烹	삶을 팽	삶다
472	jiǎn 检	검사할 검	검사하다
473	yàn 验/驗	시험할 험	실험
474	jiān 坚/堅	굳을 견	굳다
475	wéi 为/爲	할 위	위하다
476	tiáo 条/條	가지 조	양사
477	tóng 同	한가지 동	같다
478	cái 才	재주 재	비로소
479	tuán 团/團	둥글 단	팀
480	wú 无/無	없을 무	없다
481	bǎo 宝/寶	보배 보	보배
482	lǐng 领/領	거느릴 령	리드하다
483	nòng 弄	희롱할 롱	놀다,다루다

484	bā 扒	뺄 배	벗기다
485	fú 服	옷 복	복장
486	shuǎ 耍	희롱할 사	놀리다
487	ér 而	말이을 이	그런데
488	hào 号/號	이름 호	호
489	nǎ 哪	어찌 나	어느
490	qū 区/區	구분할 구	지역
491	wǎ 瓦	기와 와	기와
492	wēi 危	위태할 위	위험하다
493	xiàn 现/現	나타날 현	현재
494	guān 观/觀	볼 관	보다
495	guó 国/國	나라 국	나라
496	bēng 崩	무너질 붕	무너지다
497	shù 束	묶을 속	묶다
498	zhěng 整	가지런할 정	정리하다
499	nǐ 你	너 니	너
500	nín 您	너 님	당신

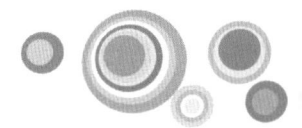

제3과 HNK(한중 상용한자) 5-6급 (500자)

NO	한자	한국어 발음	중국어 발음
1	一	한 일	yī
2	二	두 이	èr
3	三	석 삼	sān
4	四	넉 사	sì
5	五	다섯 오	wǔ
6	六	여섯 륙	liù
7	七	일곱 칠	qī
8	八	여덟 팔	bā
9	九	아홉 구	jiǔ
10	十	열 십	shí
11	月	달 월	yuè
12	火	불 화	huǒ
13	水	물 수	shuǐ
14	木	나무 목	mù
15	金	쇠 금	jīn
16	土	흙 토	tǔ
17	日	날 일	rì
18	東/东	동녘 동	dōng

19	西	서녘 서	xī
20	南	남녘 남	nán
21	北	북녘 북	běi
22	中	가운데 중	zhōng
23	父	아비 부	fù
24	母	어미 모	mǔ
25	弟	아우 제	dì
26	兄	형 형	xiōng
27	女	계집 녀	nǚ
28	人	사람 인	rén
29	大	큰 대	dà
30	小	작을 소	xiǎo
31	王	임금 왕	wáng
32	民	백성 민	mín
33	軍/军	군사 군	jūn
34	萬/万	일만 만	wàn
35	年	해 년	nián
36	靑/青	푸를 청	qīng
37	山	메 산	shān
38	長/长	긴 장	cháng
39	韓/韩	한국 한	hán
40	國/国	나라 국	guó

41	白	흰 백	bái
42	先	먼저 선	xiān
43	生	날 생	shēng
44	校	학교 교	xiào
45	門/门	문 문	mén
46	寸	마디 촌	cùn
47	室	집 실	shì
48	外	바깥 외	wài
49	敎/教	가르칠 교	jiào
50	學/学	배울 학	xué
51	天	하늘 천	Tiān
52	口	입 구	kǒu
53	力	힘 력	lì
54	工	장인 공	gōng
55	百	일백 백	bǎi
56	千	일천 천	qiān
57	川	내 천	chuān
58	前	앞 전	qián
59	後/后	뒤 후	hòu
60	上	위 상	shàng
61	下	아래 하	xià
62	左	왼 좌	zuǒ

63	右	오른 우	yòu
64	少	적을 소	shǎo
65	海	바다 해	hǎi
66	村	마을 촌	cūn
67	里	마을 리	lǐ
68	道	길 도	dào
69	林	수풀 림	lín
70	邑	고을 읍	yì
71	地	땅 지	de
72	家	집 가	jiā
73	内	안 내	nèi
74	草	풀 초	cǎo
75	花	꽃 화	huā
76	植	심을 식	zhí
77	住	살 주	zhù
78	主	주인 주	zhǔ
79	老	늙을 로	lǎo
80	祖	할아비 조	zǔ
81	然	그럴 연	rán
82	夫	사나이 부	fu
83	男	사내 남	nán
84	子	아들 자	zi

85	有	있을 유	yǒu
86	育	기를 육	yù
87	姓	성 성	xìng
88	名	이름 명	míng
89	面	낯 면	miàn
90	心	마음 심	xīn
91	自	스스로 자	zì
92	立	설 립	lì
93	正	바를 정	zhèng
94	孝	효도 효	xiào
95	事	일 사	shì
96	物	물건 물	wù
97	文	글월 문	wén
98	字	글자 자	zì
99	手	손 수	shǒu
100	足	발 족	zú
101	春	봄 춘	chūn
102	夏	여름 하	xià
103	秋	가을 추	qiū
104	冬	겨울 동	dōng
105	全	온전 전	quán
106	每	매양 매	měi

107	同	한가지 동	tóng
108	登	오를 등	dēng
109	方	모 방	fāng
110	洞	골 동	dòng
111	所	바 소	suǒ
112	出	날 출	chū
113	入	들 입	rù
114	重	무거울 중	zhòng
115	色	빛 색	sè
116	旗	기 기	qí
117	食	밥 식	shí
118	夕	저녁 석	xī
119	午	낮 오	wǔ
120	市	저자 시	shì
121	世	인간 세	shì
122	答	대답 답	dá
123	平	평평할 평	píng
124	安	편안 안	ān
125	便	편할 편	biàn
126	命	목숨 명	mìng
127	休	쉴 휴	xiū
128	活	살 활	huó

129	不	아닐 불	bù
130	空	빌 공	kōng
131	歌	노래 가	gē
132	江	강 강	jiāng
133	算	셈 산	suàn
134	漢/汉	한수 한	hàn
135	農/农	농사 농	nóng
136	場/场	마당 장	chǎng
137	時/时	때 시	shí
138	間/间	사이 간	jiān
139	記/记	기록할 기	jì
140	紙/纸	종이 지	zhǐ
141	來/来	올 래	lái
142	動/动	움직일 동	dòng
143	問/问	물을 문	wèn
144	數/数	셈 수	shù
145	電/电	번개 전	diàn
146	車/车	수레 거/차	chē
147	直/直	곧을 직	zhí
148	語/语	말씀 어	yǔ
149	話/话	말씀 화	huà
150	氣/气	기운 기	qì

151	各	각각 각	gè
152	角	뿔 각	jiǎo
153	感	느낄 감	gǎn
154	强	강할 강	qiáng
155	開/开	열 개	kāi
156	京	서울 경	jīng
157	計/计	셀 계	jì
158	界	지경 계	jiè
159	高	높을 고	gāo
160	苦	쓸 고	kǔ
161	古	예 고	gǔ
162	公	공평할 공	gōng
163	共	한가지 공	gòng
164	功	공 공	gōng
165	科	과목 과	kē
166	果	실과 과	guǒ
167	光	빛 광	guāng
168	交	사귈 교	jiāo
169	區/区	구분할 구	qū
170	球	공 구	qiú
171	郡	고을 군	jùn
172	近	가까울 근	jìn

173	根	뿌리 근	gēn
174	今	이제 금	jīn
175	級/级	등급 급	jí
176	急	급할 급	jí
177	內	안 내	nèi
178	多	많을 다	duō
179	短	짧을 단	duō
180	堂	집 당	táng
181	待	기다릴 대	dài
182	對/对	대할 대	duì
183	代	대신 대	dài
184	圖/图	그림 도	tú
185	度	법도 도	dù
186	讀/读	읽을 독	dú
187	童	아이 동	tóng
188	頭/头	머리 두	tóu
189	等	무리 등	děng
190	樂/乐	즐길 락/노래 악	lè
191	例	법식 례	lì
192	禮/礼	예도 례	lǐ
193	路	길 로	lù
194	綠/绿	푸를 록	lǜ

195	理	다스릴 리	lǐ
196	李	오얏 리	lǐ
197	利	이로울 리	lì
198	明	밝을 명	míng
199	目	눈 목	mù
200	聞/闻	들을 문	wén
201	米	쌀 미	mǐ
202	美	아름다울 미	měi
203	朴	성 박	pǔ
204	班	나눌 반	bān
205	反	돌이킬 반	fǎn
206	半	반 반	bàn
207	發/发	필 발	fā
208	放	놓을 방	fàng
209	番	차례 번	fān
210	別	다를 별	bié
211	病	병 병	bìng
212	服	옷 복	fú
213	本	근본 본	běn
214	部	떼 부	bù
215	分	나눌 분	fèn
216	社	모일 사	shè

217	死	죽을 사	sǐ
218	使	하여금 사	shǐ
219	書/书	글 서	shū
220	石	돌 석	shí
221	席	자리 석	xí
222	線/线	줄 선	xiàn
223	雪	눈 설	xuě
224	省	살필 성	shěng
225	成	이룰 성	chéng
226	消	사라질 소	xiāo
227	速	빠를 속	sù
228	孫	손자 손	sūn
229	樹/树	나무 수	shù
230	術/术	재주 술	shù
231	習/习	익힐 습	xí
232	勝/胜	이길 승	shèng
233	始	비로소 시	shǐ
234	式	법 식	shì
235	神	귀신 신	shén
236	身	몸 신	shēn
237	信	믿을 신	xìn
238	新	새 신	xīn

239	失	잃을 실	shī
240	愛/爱	사랑 애	ài
241	野	들 야	yě
242	夜	밤 야	yè
243	藥/药	약 약	yào
244	弱	약할 약	ruò
245	陽/阳	볕 양	yáng
246	洋	큰바다 양	yáng
247	言	말씀 언	yán
248	業/业	업 업	yè
249	永	길 영	yǒng
250	英	꽃부리 영	yīng
251	溫/温	따뜻할 온	wēn
252	勇	날랠 용	yǒng
253	用	쓸 용	yòng
254	運/运	옮길 운	yùn
255	園/圆	동산 원	yuán
256	遠/远	멀 원	yuǎn
257	油	기름 유	yóu
258	由	말미암을 유	yóu
259	銀/银	은 은	yín
260	飮/饮	마실 음	yǐn

261	音	소리 음	yīn
262	醫/医	의원 의	yī
263	意	뜻 의	yì
264	衣	옷 의	yī
265	者	놈 자	zhě
266	昨	어제 작	zuó
267	作	지을 작	zuò
268	章	글 장	zhāng
269	在	있을 재	zài
270	才	재주 재	cái
271	戰/战	싸움 전	zhàn
272	庭	뜰 정	tíng
273	定	정할 정	dìng
274	題/题	제목 제	tí
275	第	차례 제	dì
276	朝	아침 조	cháo
277	族	겨레 족	zú
278	晝/昼	낮 주	zhòu
279	注	부을 주	zhù
280	集	모을 집	jí
281	窓/窗	창 창	chuāng
282	淸/清	맑을 청	qīng

283	體/体	몸 체	tǐ
284	親/亲	친할 친	qīn
285	太	클 태	tài
286	通	통할 통	tōng
287	特	특별할 특	tè
288	表	겉 표	biǎo
289	合	합할 합	hé
290	行	다닐 행	háng
291	幸	다행 행	xìng
292	向	향할 향	xiàng
293	現/现	나타날 현	xiàn
294	形	모양 형	xíng
295	號/号	이름 호	hào
296	畫/画	그림 화	huà
297	和	화할 화	hé
298	黃/黄	누를 황	huáng
299	會/会	모일 회	huì
300	訓/训	가르칠 훈	xùn
301	價/价	값 가	jià
302	可	옳을 가	kě
303	加	더할 가	jiā
304	改	고칠 개	gǎi

305	客	손 객	kè
306	擧/举	들 거	jǔ
307	去	갈 거	qù
308	建	세울 건	jiàn
309	件	물건 건	jiàn
310	健	굳셀 건	jiàn
311	格	격식 격	gé
312	見/见	볼 견	jiàn
313	決	결단할 결	jué
314	結/结	맺을 결	jié
315	敬	공경 경	jìng
316	景	볕 경	jǐng
317	輕/轻	가벼울 경	qīng
318	競/竞	다툴 경	jìng
319	考	생각할 고	kǎo
320	固	굳을 고	gù
321	曲	굽을 곡	qū
322	課/课	공부할 과	kè
323	過/过	지날 과	guò
324	關/关	관계할 관	guān
325	觀/观	볼 관	guān
326	廣/广	넓을 광	guǎng

327	橋/桥	다리 교	qiáo
328	舊/旧	예 구	jiù
329	具	갖출 구	jù
330	救	구원할 구	jiù
331	局	판 국	jú
332	貴/贵	귀할 귀	guì
333	規/规	법 규	guī
334	己	몸 기	jǐ
335	基	터 기	jī
336	技	재주 기	jì
337	汽	물끓는김 기	qì
338	期	기약할 기	qī
339	吉	길할 길	jí
340	念	생각 념	niàn
341	能	능할 능	néng
342	團/团	둥글 단	tuán
343	壇/坛	단 단	tán
344	當/当	마땅 당	dāng
345	德	큰 덕	dé
346	到	이를 도	dào
347	島/岛	섬 도	dǎo
348	都	도읍 도	dōu

349	獨/独	홀로 독	dú/dú
350	落	떨어질 락	luò
351	郎/郎	밝을 랑	láng
352	冷	찰 랭	lěng
353	良	어질 량	liáng
354	量	헤아릴 량	liàng
355	旅	나그네 려	lǚ
356	歷/历	지날 력	lì
357	練/练	익힐 련	liàn
358	領/领	거느릴 령	lǐng
359	令	하여금 령	lìng
360	勞/劳	일할 로	láo
361	料	헤아릴 료	liào
362	流	흐를 류	liú
363	類/类	무리 류	lèi
364	陸/陆	뭍 륙	lù
365	馬/马	말 마	mǎ
366	末	끝 말	mò
367	望	바랄 망	wàng
368	亡	망할 망	wáng
369	賣/卖	팔 매	mài
370	買/买	살 매	mǎi

371	明	밝을 명	míng
372	無/无	없을 무	wú
373	倍	곱 배	bèi
374	法	법 법	fǎ
375	變/变	변할 변	biàn
376	兵	병사 병	bīng
377	服	옷 복	fú
378	福	복 복	fú
379	本	근본 본	běn
380	奉	받들 봉	fèng
381	比	견줄 비	bǐ
382	鼻	코 비	bí
383	費/费	쓸 비	fèi
384	冰	얼음 빙	bīng
385	仕	섬길 사	shì
386	士	선비 사	shì
387	史	사기 사	shǐ
388	思	생각 사	sī
389	寫/写	베낄 사	xiě
390	查	조사할 사	chá
391	産/产	낳을 산	chǎn
392	相	서로 상	xiāng

393	商	장사 상	shāng
394	賞/赏	상줄 상	shǎng
395	序	차례 서	xù
396	仙	신선 선	xian
397	鮮/鲜	고울 선	xiān
398	善	착할 선	shàn
399	船	배 선	chuán
400	選/选	가릴 선	xuǎn
401	說/说	말씀 설	shuō
402	性	성품 성	xìng
403	歲/岁	해 세	suì
404	洗	씻을 세	xǐ
405	束	묶을 속	shù
406	首	머리 수	shǒu
407	宿	잘 숙	sù
408	順/顺	순할 순	shùn
409	市	저자 시	shì
410	示	보일 시	shì
411	識/识	알 식	shi
412	臣	신하 신	chén
413	實/实	열매 실	shí
414	兒/儿	아이 아	ér

415	惡/恶	악할 악/미워할 오	è
416	案	책상 안	àn
417	約/约	맺을 약	yuē
418	洋	큰바다 양	yáng
419	魚/鱼	물고기 어	yú
420	漁/渔	고기잡을 어	yú
421	億/亿	억 억	yì
422	熱/热	더울 열	rè
423	葉/叶	잎 엽	yè
424	屋	집 옥	wū
425	完	완전할 완	wán
426	要	요긴할 요	yào
427	曜	빛날 요	yào
428	浴	목욕할 욕	yù
429	雨	비 우	yǔ
430	友	벗 우	you
431	牛	소 우	niú
432	雲/云	구름 운	yún
433	雄	수컷 웅	xióng
434	元	으뜸 원	yuán
435	願/愿	원할 원	yuàn
436	原	언덕 원	yuán

437	院	집 원	yuàn
438	偉/伟	클 위	wěi
439	位	자리 위	wèi
440	以	써 이	yǐ
441	耳	귀 이	ěr
442	因	인할 인	yīn
443	任	맡길 임	rèn
444	財/财	재물 재	cái
445	材	재목 재	cái
446	災	재앙 재	zāi
447	再	두 재	zài
448	爭/争	다툴 쟁	zhēng
449	貯/贮	쌓을 저	zhù
450	的	과녁 적	de
451	赤	붉을 적	chì
452	典	법 전	diǎn
453	傳/传	전할 전	chuán
454	展	펼 전	zhǎn
455	節/节	마디 절	jié
456	切	끊을 절	qiè
457	店	가게 점	diàn
458	情	뜻 정	qíng

459	調/调	고를 조	diào
460	捉	잡을 조	zhuō
461	卒	마칠 졸	cù
462	種/种	씨 종	zhǒng
463	終/终	마칠 종	zhōng
464	罪	허물 죄	zuì
465	週/周	주일 주	zhōu
466	州	고을 주	zhōu
467	知	알 지	zhī
468	止	그칠 지	zhǐ
469	質/质	바탕 질	zhì
470	着	붙을 착	zhe
471	參/参	참여할 참	cān
472	唱	부를 창	chàng
473	責/责	꾸짖을 책	zé
474	鐵/铁	쇠 철	tiě
475	初	처음 초	chū
476	最	가장 최	zuì
477	祝	빌 축	zhù
478	充	채울 충	chōng
479	致	이를 치	zhì
480	則	법칙 칙	zé

481	打	칠 타	dǎ
482	他	다를 타	tā
483	卓	높을 탁	zhuō
484	炭	숯 탄	tàn
485	宅	집 택	zhái
486	板	널 판	bǎn
487	敗/败	패할 패	bài
488	品	물건 품	pǐn
489	必	반드시 필	bì
490	筆/笔	붓 필	bǐ
491	河	물 하	hé
492	寒	찰 한	hán
493	害	해할 해	hài
494	許/许	허락할 허	xǔ
495	湖	호수 호	hú
496	化	될 화	huà
497	患	근심 환	huàn
498	效	본받을 효	xiào
499	凶	흉할 흉	xiōng
500	黑	검을 흑	hēi

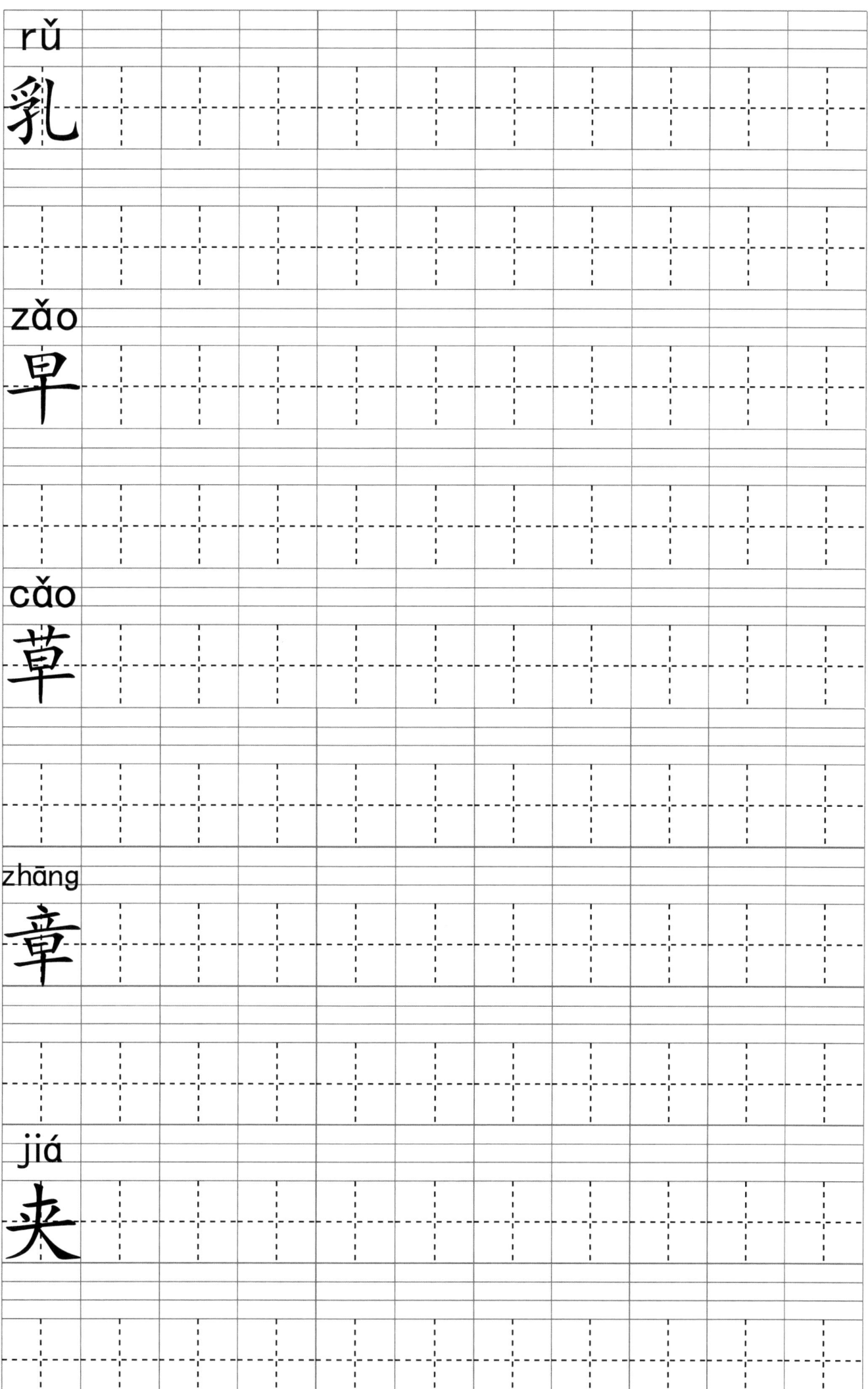

zhǔ 主										

zhù 住										

bā 八										

wǎng 往										

luǎn 卵										

fǎn 反

gǎn 敢

shōu 收

mù 牧

cì 刺

pinyin	character
qiān	千
shé	舌
huà	话
huó	活
dí	敌

quǎn
犭

qiú
囚

fàn
犯

shī
狮

kuáng
狂

lǎo 老

zhě 者

zhū 猪

zhǔ 煮

mài 麦

| qí 棋 |
| qí 其 |
| duǒ 朵 |
| duǒ 躲 |
| xìng 兴 |

mǔ										
母										

měi										
每										

hǎi										
海										

guān										
关										

sòng										
送										

| shí |
| 食 |

| fàn |
| 饭 |

| bāo |
| 包 |

| bǎo |
| 饱 |

| zhuō |
| 捉 |

lán
栏

lán
拦

zhú
竹

dì
弟

dì
第

zhú
竹

jiù
白

jiù
舅

chā
插

sōu
搜

pinyin	character
jiǔ	九
yuè	月
cháng	肠
bèi	背
běi	北

liǎn
脸

fú
浮

wá
娃

chú
厨

shǒu
守

pinyin	字
juàn	卷
bào	抱
pǎo	跑
pào	炮
quān	圈

| jiān 肩 |
| fèi 肺 |
| xiāo 消 |
| wěi 伟 |
| wéi 围 |

pinyin	character
diāo	叼
duō	多
shǎo	少
wàng	望
zì	自

shǐ									
矢									

yī									
医									

hóu									
猴									

hòu									
候									

zhī									
知									

yǎn									
眼									

hèn									
恨									

gēn									
跟									

nǎi									
奶									

rēng									
扔									

pinyin	character
zhuī	ైa
tuī	推
wèi	未
mèi	妹
dēng	登

gēn 根

xiàn 限

jǐng 井

jiǎng 讲

jìn 进

| shuí |
| 谁 |

| shòu |
| 售 |

| qiū |
| 丘 |

| qiū |
| 蚯 |

| yǐn |
| 蚓 |

shā
杀

zhǎo
找

zhēng
争

zhēng
睁

xué
学

yuán										
员										

yuán										
圆										

jīn										
今										

biǎo										
表										

nán										
难										

hái								
孩								

ké								
咳								

kè								
刻								

gāi								
该								

jǔ								
举								

niú
牛

gào
告

zào
造

xiān
先

xǐ
洗

pí
皮

pī
披

bō
波

yī
衤

bèi
被

pó 婆										
pō 坡										
pò 破										
gǔ 鼓										
xǐ 喜										

duì										
对										

shù										
树										

xì										
戏										

xiāng										
乡										

cūn										
村										

| gàn |
| 干 |

| hàn |
| 汗 |

| hàn |
| 旱 |

| àn |
| 岸 |

| yǒng |
| 泳 |

jiāo	焦
jí	集
fǔ	阝
duì	队
yáng	阳

pinyin	字
shì	示
shì	礻
wèi	位
lǐ	礼
shè	社

sī									
丝									

sī									
丝									

xiàn									
线									

jīng									
经									

qīng									
轻									

mìng
命

lìng
令

tǒng
桶

tòng
痛

tōng
通

pinyin	character
xì	细
yè	业
xiǎn	显
chū	出
cōng	囱

pinyin	character
liáng	良
niáng	娘
pá	爬
zhēng	蒸
bīng	兵

yíng
蝇

táo
桃

tiǎo
挑

tiào
跳

táo
逃

fǒu			
缶			

yáo			
摇			

tāo			
掏			

bàn			
半			

jù			
句			

| yán 炎 |
| dàn 淡 |
| tán 谈 |
| tán 痰 |
| chǎn 产 |

shě
舍

shū
舒

zhuī
追

yǔ
予

yě
野

gǔ	骨
bào	报
lè	乐
qǔ	取
zuì	最

běn
本

tǐ
体

dì
蒂

dì
帝

sāng
桑

zào									
噪									

xiōng									
凶									

è									
恶									

zuò									
作									

zěn									
怎									

pīn	碰
máo	矛
ài	爱
kùn	困
kǔn	捆

pinyin	字
guān	官
fēng	丰
lì	粒
chéng	成
chéng	城

zǎo	澡
cāo	操
zào	燥
yǎn	演
xún	巡

| yǎng |
| 痒 |

| yàng |
| 样 |

| qún |
| 群 |

| qǐ |
| 乞 |

| gài |
| 丐 |

chéng										
乘										

liú										
流										

piàn										
片										

wáng										
亡										

máng										
忙										

bìng	并
xíng	行
kāi	开
yán	研
xíng	形

pái										
排										

guō										
锅										

xué										
穴										

kōng										
空										

jiū										
究										

| chuān 穿 |
| ya 呀 |
| lín 淋 |
| dùn 盾 |
| huī 挥 |

pinyin	character
huā	花
biàn	变
hé	合
ná	拿
gěi	给

xùn
迅

cháo
巢

kě
可

hé
何

hé
河

diǎn										
典										

jiā										
家										

jí										
及										

jí										
级										

jí										
极										

pinyin	character
shàng	尚
dǎng	党
táng	堂
yìn	印
lù	鹿

| hún |
| 浑 |

| zhèn |
| 阵 |

| lián |
| 连 |

| jiàn |
| 渐 |

| wèi |
| 卫 |

jiǎ	zhá	yán	xìn	lí
甲	闸	言	信	离

pinyin	字
zhuó	浊
qiáng	强
cóng	从
zhòng	众
dān	单

chūn	春
zhào	照
jiào	叫
yōu	优
jiǎ	假

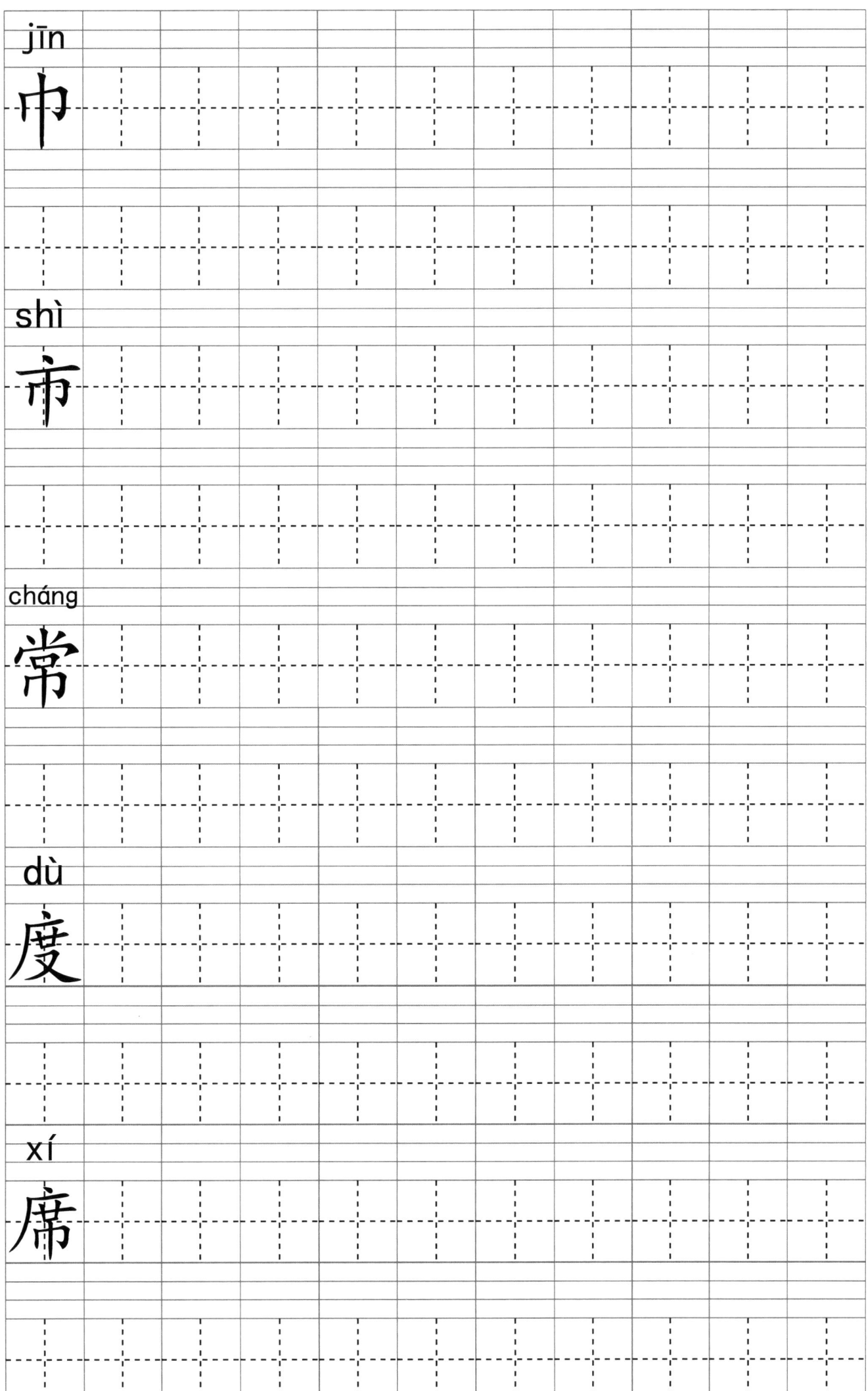

pinyin	character
gōng	躬
wān	弯
liàn	恋
xiàng	向
xiǎng	响

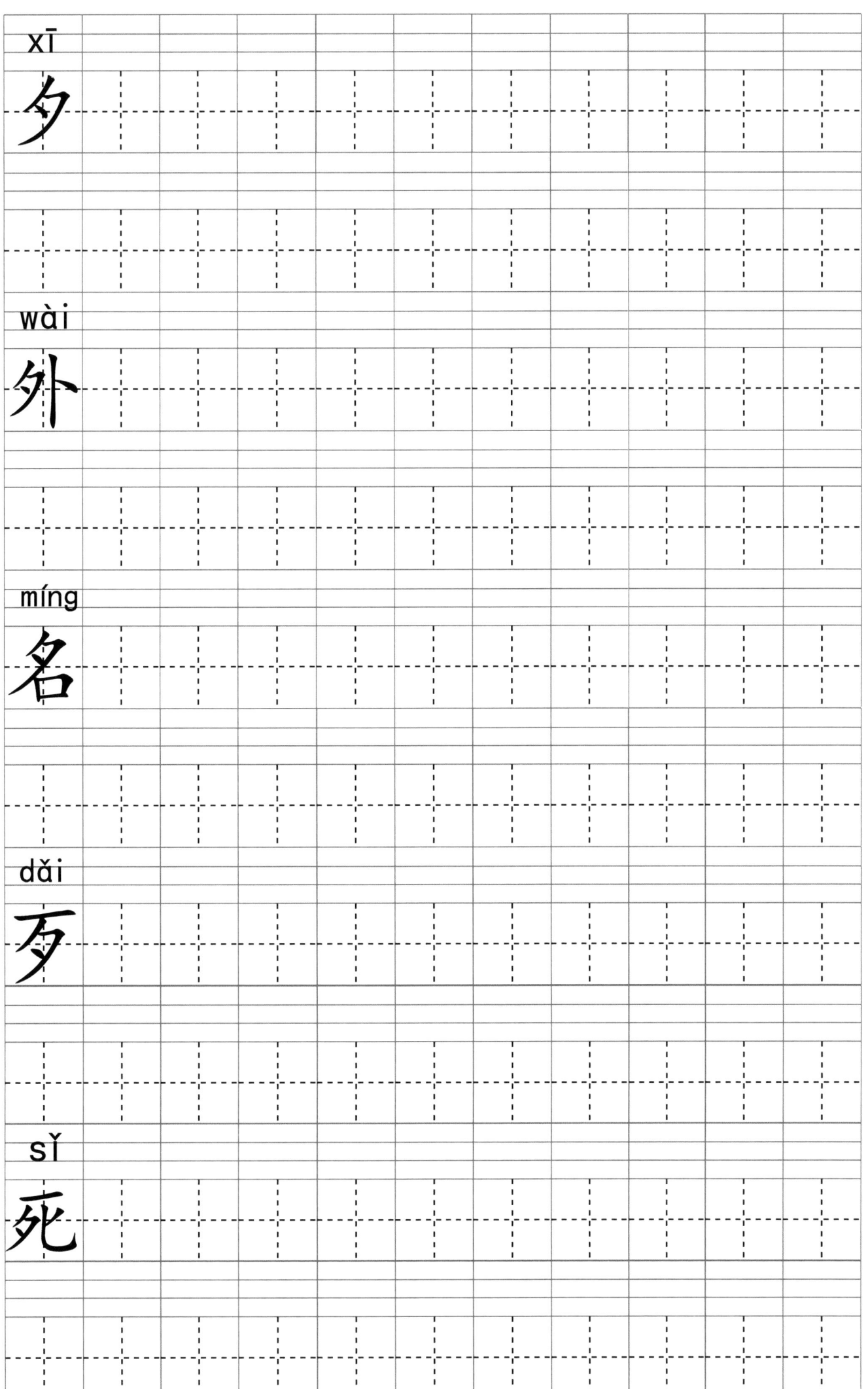

zhǐ	cǐ	xiē	kěn	kěn
止	此	些	肯	啃

pinyin	character
shǎn	闪
zhǒng	种
chōng	冲
lì	利
mèn	闷

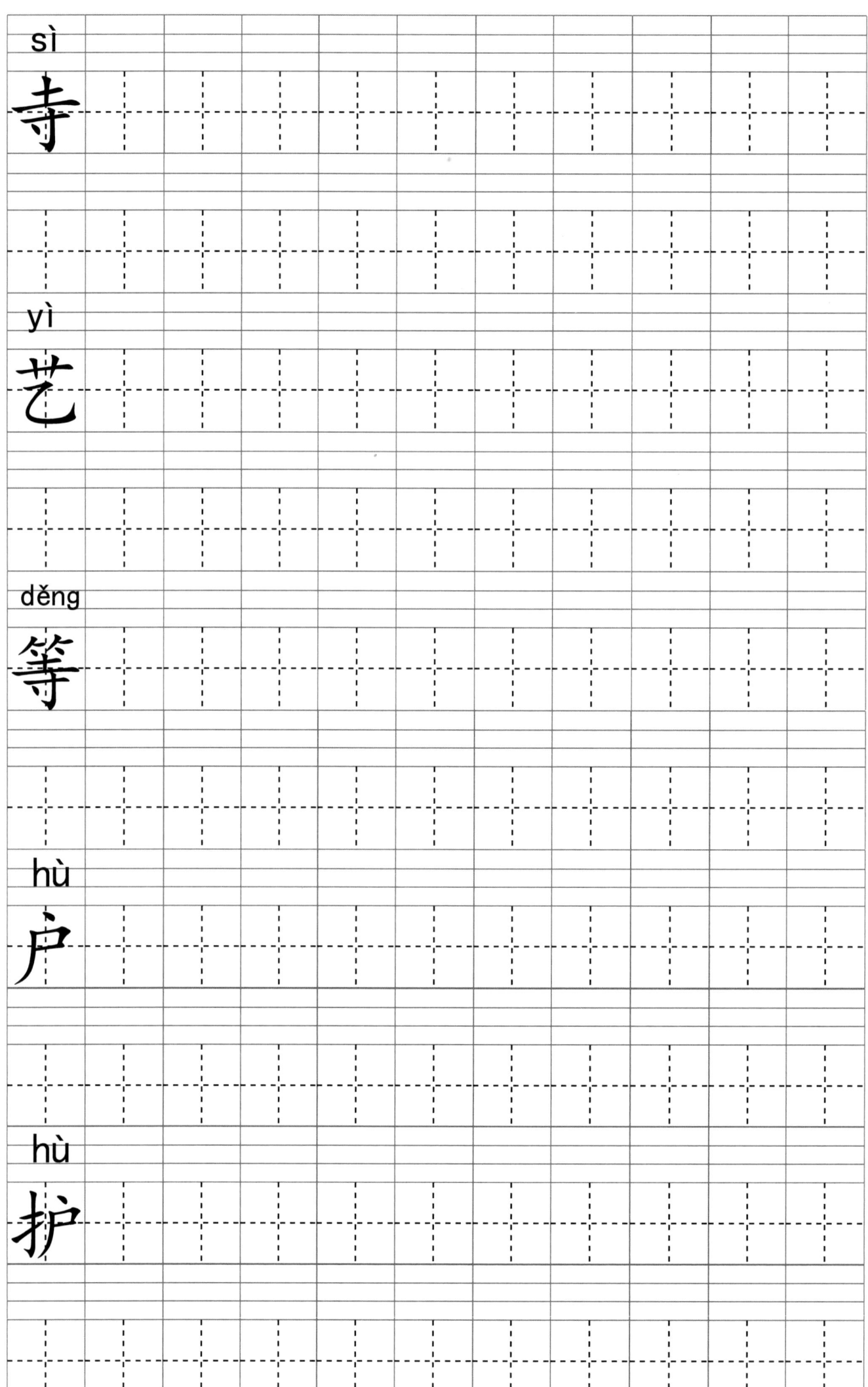

fāng
方

fáng
房

páng
旁

bǎng
膀

zhēn
侦

chóng
虫

nú
奴

nù
怒

nán
南

guī
归

zhuān									
专									

chuán									
传									

zhuǎn									
转									

rèn									
任									

zhàng									
丈									

qiú
求

jiù
救

gèng
更

biàn
便

yìng
硬

jiā
加

biān
边

láo
劳

lì
历

duàn
段

bèi
贝

tān
贪

niàn
念

gǎn
感

hǎn
喊

cè
册

chǎng
场

jiě
解

zuǐ
嘴

què
确

shài
晒

sǎ
洒

gè
各

lù
路

luò
落

yùn
孕

kuài
快

kuài
块

jué
决

bēn
奔

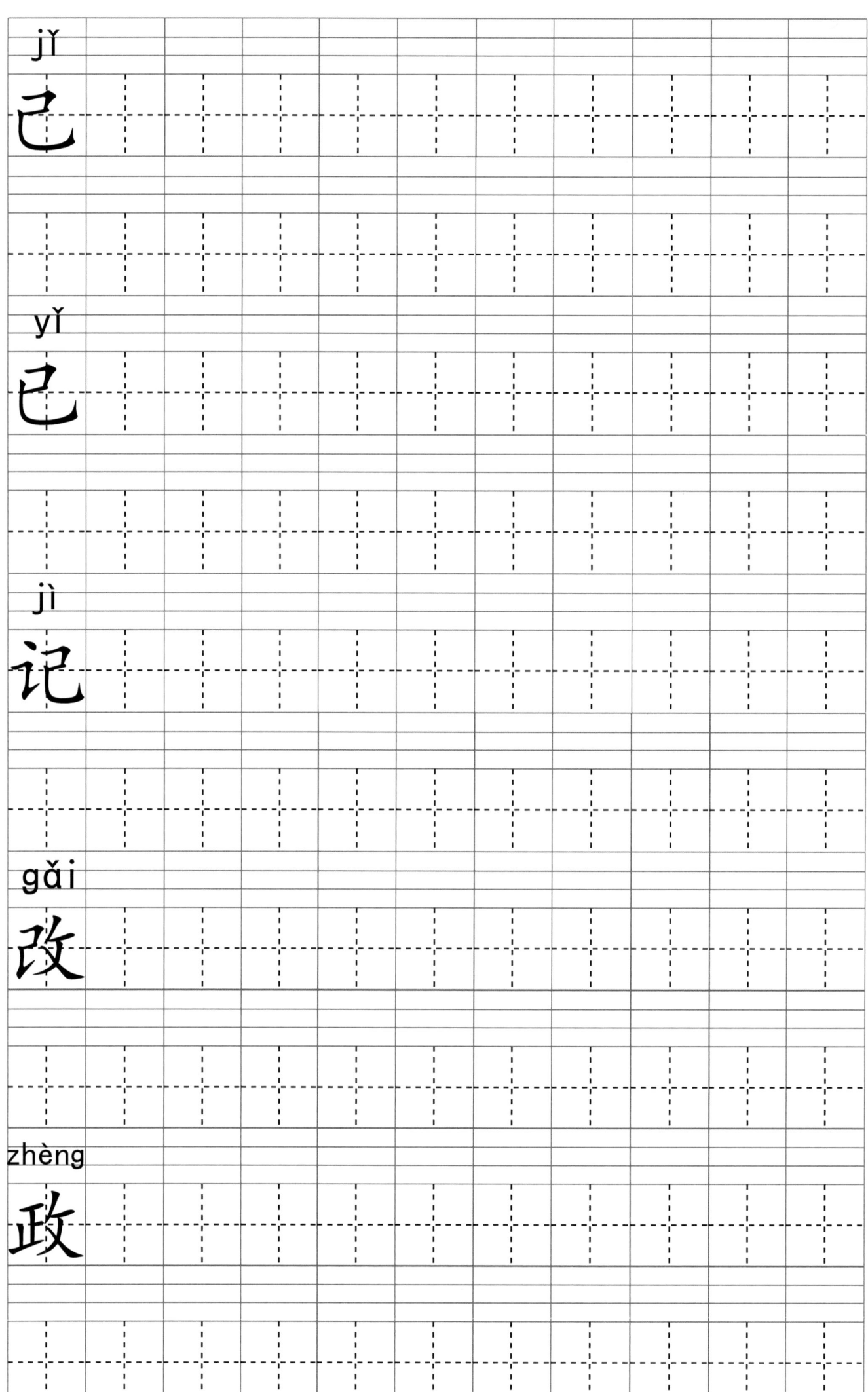

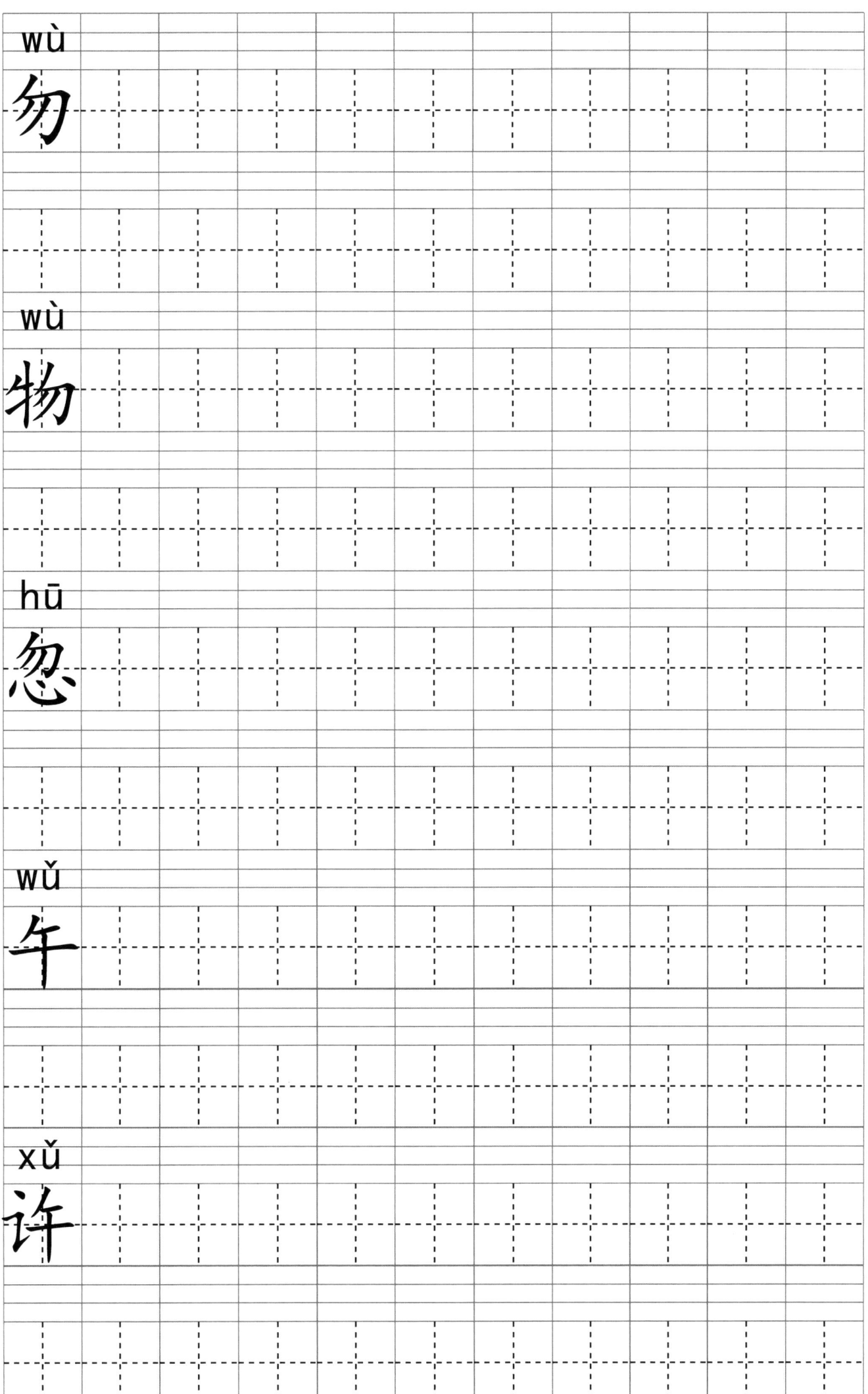

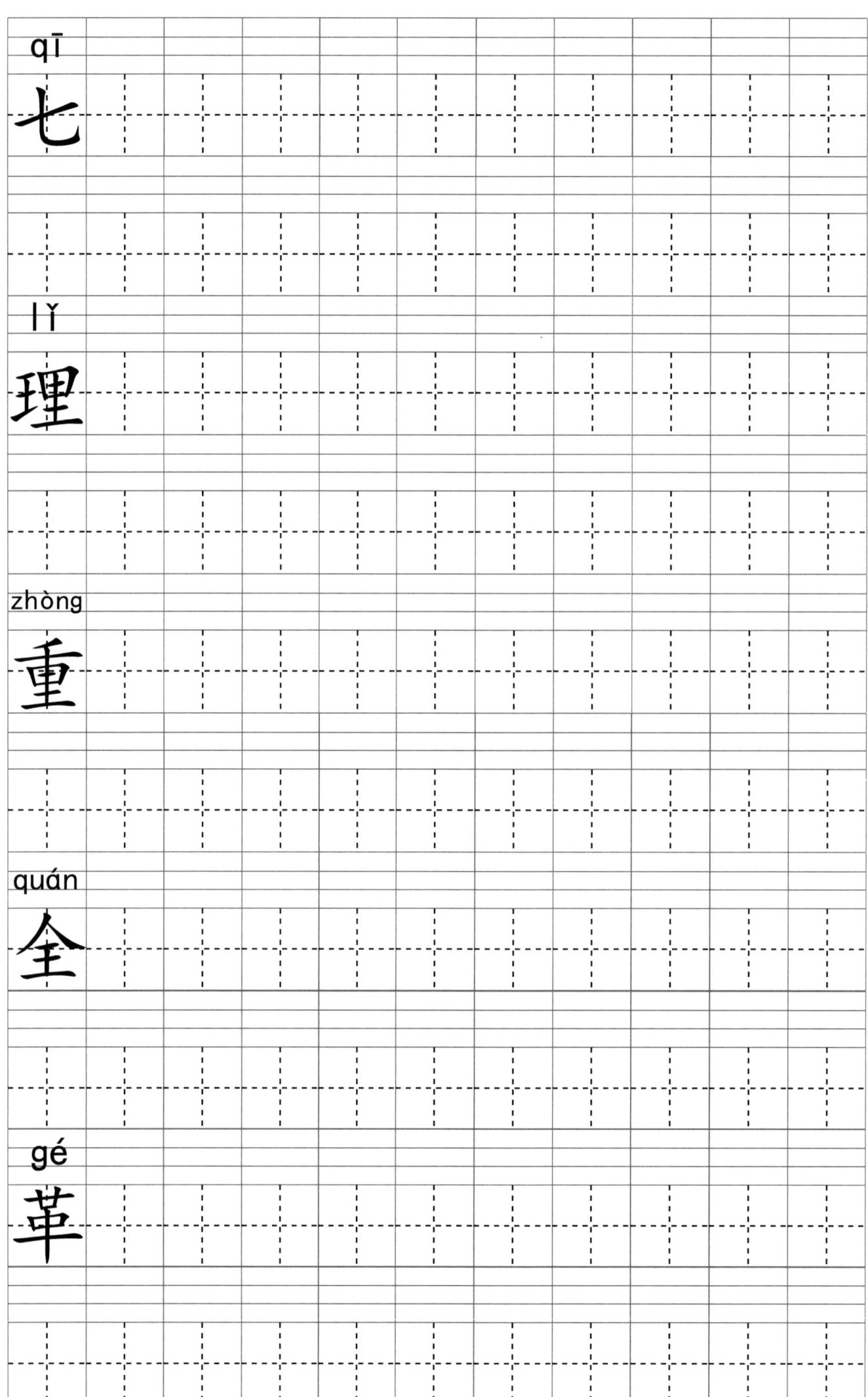

nián										
年										

áng										
昂										

jīng										
晶										

zǎo										
枣										

jiāng										
将										

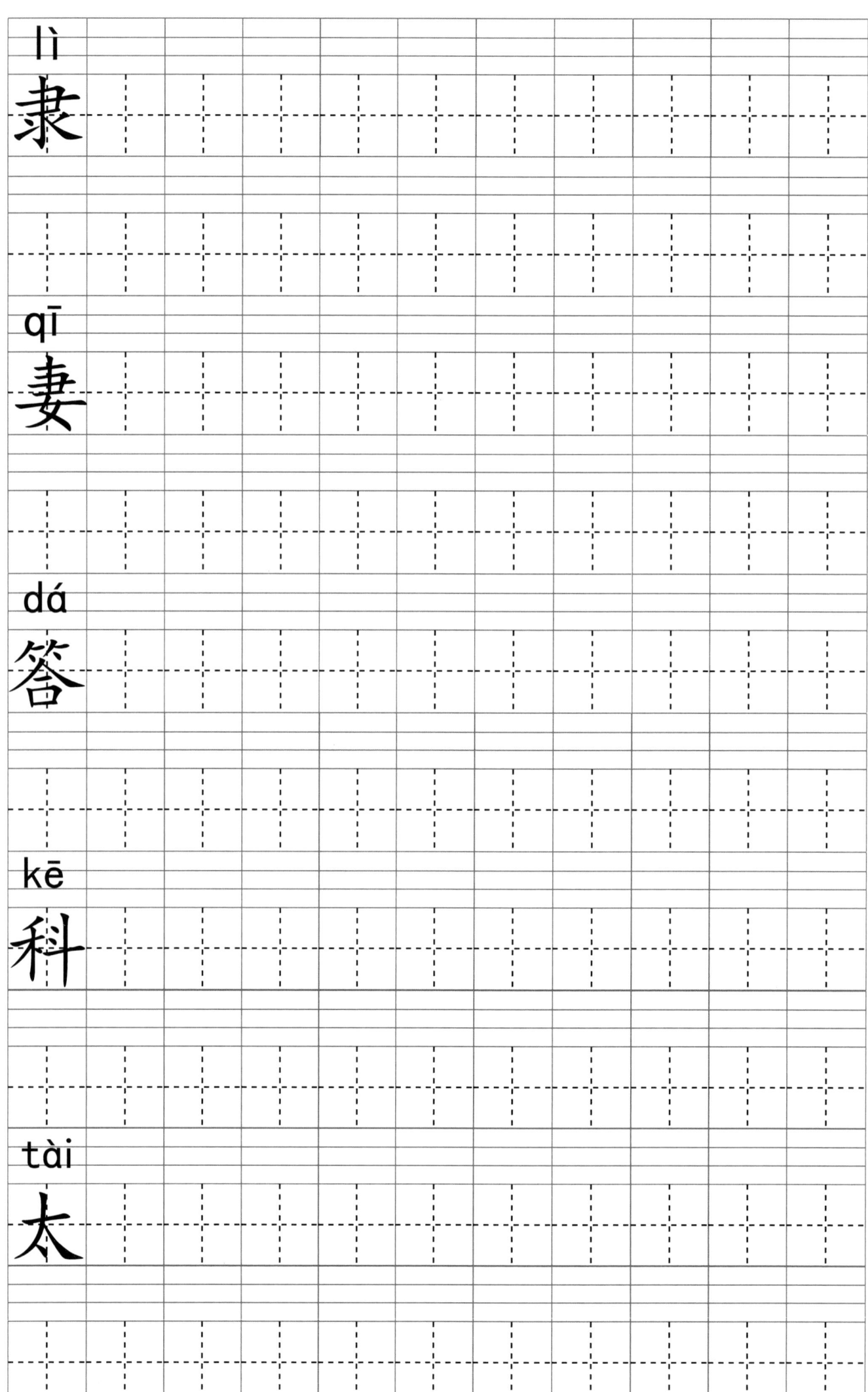

yǎng
仰

gōu
钩

shù
数

tán
坛

è
饿

ǒu
偶

xìng
性

xīng
星

shèng
胜

qiē
切

miàn										
面										

qīn										
亲										

gōng										
宫										

néng										
能										

huà										
化										

mò
末

jī
机

jiè
界

chǐ
尺

mǎi
买

shuǎng
爽

tún
屯

tái
台

dàn
但

liàng
量

yóu
由

yú
于

lèi
累

gān
甘

tián
甜

shòu	sàng	zhǐ	dǐ	ràng
受	丧	指	底	让

yì 益									
mín 民									
yè 页									
tí 题									
xū 须									

zhǐ										
只										

shí										
识										

qiáng										
墙										

shèn										
肾										

zǒng										
总										

kǎ	卡
màn	慢
shù	术
xiǎng	享
zì	字

pinyin	character
fēi	非
kào	靠
shū	叔
bēi	悲
wū	屋

| gǔ 古 |
| zuò 座 |
| wēi 威 |
| kǔ 苦 |
| dǐng 顶 |

| tú 徒 |
| yuè 越 |
| gǎn 赶 |
| qǐ 起 |
| bù 步 |

jiǎo
脚

què
却

yíng
迎

fǎ
法

qián
钱

a									
啊									

ā									
阿									

wàn									
万									

jiào									
教									

shì									
事									

shī
湿

shì
释

jǐn
紧

xì
系

qián
前

pīnyīn	汉字
pēng	烹
jiǎn	检
yàn	验
jiān	坚
wéi	为

tiáo
条

tóng
同

cái
才

tuán
团

wú
无

| bǎo |
| 宝 |

| lǐng |
| 领 |

| nòng |
| 弄 |

| pá |
| 扒 |

| fú |
| 服 |

shuǎ
耍

ér
而

hào
号

nǎ
哪

qū
区

| wǎ |
| 瓦 |

| wēi |
| 危 |

| xiàn |
| 现 |

| guān |
| 观 |

| guó |
| 国 |

bēng
崩

shù
束

zhěng
整

nǐ
你

nín
您